O Fen
TAYLOR
RACHELLE BURK

SWIFT
astral cultural

O Fenômeno TAYLOR SWIFT

O Fenômeno TAYLOR SWIFT

RACHELLE BURK

ILUSTRAÇÕES **MARTA DORADO**

TRADUÇÃO **LUIZA MARCONDES**

astral cultural

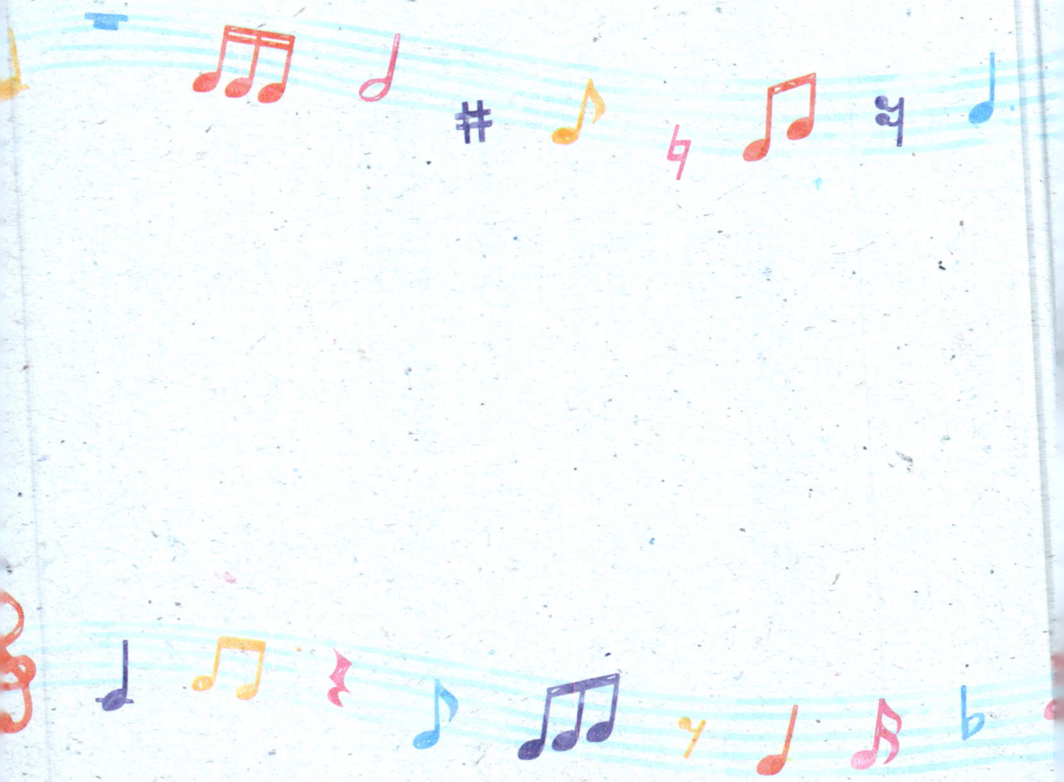

Para Cara, Alana e David
— obrigada pela música!

SUMÁRIO

CAPÍTULO 1

Miss Americana

Imagine como Taylor Swift se sentiu quando ouviu o próprio nome ser anunciado durante a premiação do ano de 2009 da Associação de Música Country de Nashville, Tennessee.

"E o prêmio de Artista do Ano vai para... Taylor Swift!"

Ela deve ter se sentido como se estivesse sonhando! Taylor tinha apenas 19 anos e era a pessoa mais jovem a vencer este importante prêmio.

Quando subiu no palco para aceitar a homenagem, ela sabia que seu talento não tinha sido a única coisa a levá-la até ali. O sucesso era graças a seus

E quanto a você?

Todo mundo tem um sonho. Qual é o seu? O que você pode fazer para realizá-lo?

fãs dedicados, à sua família amorosa e aos artistas musicais que a inspiraram.

Taylor é conhecida por escrever canções que falam sobre sua vida e seus sentimentos. Ela estava na pré-adolescência quando começou a compor.

Muitas garotas jovens tiveram a sensação de que as músicas da artista falavam também de suas próprias vidas.

Conforme Taylor cresceu, seus fãs cresceram junto com ela, e novas pessoas também começaram a amar sua música. Em poucos anos, Taylor tornou-se uma das cantoras e compositoras mais famosas do mundo.

Mas a fama não se deve apenas à sua música. Os fãs da cantora a admiram pela pessoa que ela é. Taylor doa dinheiro para causas importantes, ajuda fãs que estão passando por dificuldades e também luta pelas causas nas quais acredita, como os direitos das mulheres, o controle de armas e a remuneração justa para músicos.

Taylor já ganhou muitos prêmios ao longo de sua carreira. Mais importante do que isso, porém, é que ela ganhou muitos corações. A cantora é uma verdadeira inspiração para pessoas em todos os cantos do mundo.

O MUNDO DE TAYLOR

Taylor Alison Swift nasceu em West Reading, Pensilvânia, no dia 13 de dezembro de 1989. Ela morava com os pais, Andrea e Scott Swift, e com o irmão dois anos mais novo,

Os Swift (1996)

Austin. Sua família gostava muito de música. Os pais a batizaram em homenagem ao cantor e compositor preferido dos dois, James Taylor. Ele é um artista bem popular, tendo "You've Got a Friend" e "Country Road"como algumas de suas canções mais conhecidas. A avó dela, Marjorie Finlay, era uma cantora de ópera e foi uma grande inspiração para a artista.

Durante a juventude de Taylor, a maioria de seus colegas de classe sabia cantar todas as músicas pop de artistas como Britney Spears e Backstreet Boys. Alguns

ouviam rap, de músicos como Jay-Z ou Queen Latifah. Outros preferiam o rock, com suas baterias e guitarras. Mas Taylor gostava da música country, que tinha origem em Nashville, no estado do Tennessee.

Artistas como Dolly Parton, Garth Brooks e Shania Twain escreviam canções que contavam histórias. Os primeiros lugares onde a música country se tornou popular nos Estados Unidos foram em estados como o Tennessee e o Texas. Muitas das canções eram tocadas com instrumentos como violão, banjo e violino. As letras falavam de temas como amor, trabalho e família.

Apesar de o gênero musical ser menos popular onde Taylor morava, a garota sonhava em se tornar uma estrela da música country. Ela sabia que não seria fácil, mas Taylor estava disposta a se esforçar muito para realizar seu grande sonho.

"Talvez você não tenha nascido
para se encaixar.
Talvez tenha nascido
para se destacar."

Quando tudo aconteceu

1980

Dolly Parton estrela seu primeiro filme.

James Taylor
lança seu
novo álbum.

1985

1989

Taylor Alison Swift
nasce no dia 13
de dezembro.

CAPÍTULO 2

A infância de Taylor

Taylor cresceu em uma família feliz. Seu pai, Scott, trabalhava no mercado financeiro. Sua mãe, Andrea, ficava em casa para cuidar dela e do irmão, Austin.

A família de Taylor queria morar em algum lugar calmo. Eles compraram uma fazenda de pinheiros de Natal a uma hora de distância da cidade de Filadélfia, na Pensilvânia.

Taylor sempre amou o Natal.

A fazenda da família mantinha o espírito natalino vivo durante o ano todo. Ela adorava morar lá: brincava com o irmão, andava a cavalo e até chegava a competir em apresentações de equitação. Ela também gostava de cozinhar e de passar os verões em Jersey Shore, em Nova Jersey.

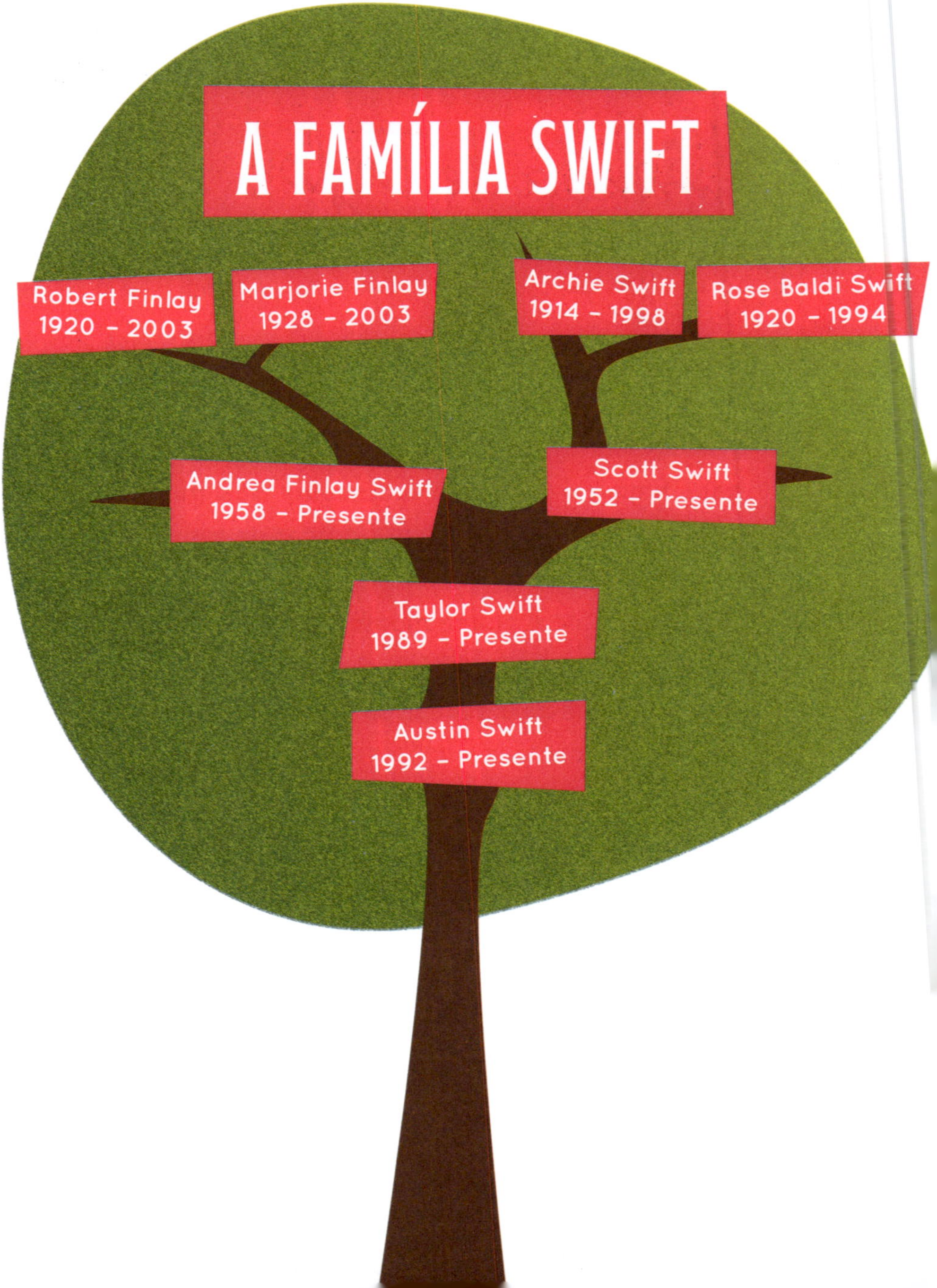
A FAMÍLIA SWIFT
Robert Finlay
1920 - 2003
Marjorie Finlay
1928 - 2003
Archie Swift
1914 - 1998
Rose Baldi Swift
1920 - 1994
Andrea Finlay Swift
1958 - Presente
Scott Swift
1952 - Presente
Taylor Swift
1989 - Presente
Austin Swift
1992 - Presente

A maior paixão de Taylor Swift sempre foi a música, especialmente o country. Ela adorava cantar junto de suas canções favoritas. Seus pais notaram o talento da garota e, quando ela tinha nove anos, permitiram que começasse a fazer aulas de atuação e canto em Nova York, que ficava a cerca de duas horas de distância de onde moravam. Ela até chegou a fazer parte de um grupo de teatro da região.

Taylor sempre amou estar no palco!

Ela também tinha outros talentos: se saía bem com escrita criativa. Amava as palavras tanto quanto amava música. Escrevia poesias e histórias, enchia diários inteiros com seus pensamentos e sentimentos. Quando estava na quarta série, Taylor venceu um concurso de poesia, com um poema chamado "A Monster in My Closet" ("Um Monstro em Meu Armário", em tradução livre). Durante o ensino fundamental, escreveu um livro intitulado *A Girl Named Girl* ("Uma Garota Chamada Garota", em tradução livre) nas férias escolares. Sua habilidade de contar histórias a ajudou a se tornar uma compositora incrível.

O AMOR PELA MÚSICA

A paixão pela música começou aos seis anos de idade, quando Taylor ouviu um álbum de LeAnn Rimes, uma estrela da música country que tinha 13 anos na época. Taylor

começou a escutar outras artistas do gênero, como Faith Hill, Shania Twain e as Dixie Chicks (que, hoje em dia, são conhecidas como The Chicks). Ela gostava da música dessas artistas e se identificava com as histórias das letras. Taylor queria ser exatamente como suas heroínas da música country. Seria necessário muito esforço e treino, mas isso não era um problema para ela, que gostava de desafios.

Aos 12 anos, um técnico que arrumava o computador de sua casa ensinou a ela três acordes (que são três ou mais notas musicais tocadas ao mesmo tempo) no violão.

Com esses três acordes, Taylor escreveu sua primeira música.

A canção se chamava "Lucky You" e falava de uma garota que não tinha medo de ser diferente. Taylor se apaixonou pelo instrumento e começou a fazer aulas de violão. Ela treinava até que seus dedos ficassem doloridos.

Assim como a personagem de sua primeira música, Taylor se sentia diferente dos outros no ensino fundamental. Mas, ao contrário da personagem, ela não queria ser diferente. Suas colegas caçoavam de Taylor por ouvir música country e diziam coisas cruéis sobre sua aparência. Ela tentava se encaixar praticando esportes, mas não era muito boa em nenhum. A garota sentia que não havia um lugar para ela ali.

Então, quando se sentia triste e sozinha, Taylor transformava seus sentimentos em letras de música.

E quanto a você?

Quando estava triste ou solitária, Taylor escrevia músicas para se sentir melhor. O que te ajuda a se sentir melhor?

Escrever músicas fazia Taylor se sentir melhor. Quanto mais canções escrevia, mais seu sonho de ir para Nashville crescia. Era onde as estrelas de música country favoritas da garota tinham começado suas carreiras. Ela mal podia esperar por uma oportunidade de ir para lá.

Quando tudo aconteceu

1996

O primeiro álbum de LeAnn Rimes é lançado.

1999

Taylor começa a fazer aulas de canto e atuação.

Taylor começa a tocar violão e compor músicas.

CAPÍTULO 3

O início do sonho

Nashville não é apenas a capital do estado do Tennessee: é também a capital mundial da música country. Lendas desse gênero musical, como Dolly Parton, Kenny Chesney e Faith Hill, começaram suas carreiras musicais lá.

A música sempre foi uma parte importante de Nashville. Não à toa o lugar ficou conhecido como "Cidade da Música". Nashville é também o lar de salas de concertos famosas, como a *Grand Ole Opry* e o *Ryman Auditorium*, além de muitos estúdios, onde músicos gravam suas canções.

Quando Taylor estava na sexta série, implorou aos pais que a levassem para Nashville. A mãe dela finalmente concordou, e a família planejou a viagem para as férias de primavera. A Filadélfia, na Pensilvânia, fica a duas horas e meia de avião de Nashville. Antes de partirem, Taylor se gravou cantando músicas de Dolly Parton e das The Dixie Chicks e as colocou em CDs para distribuir nas gravadoras.

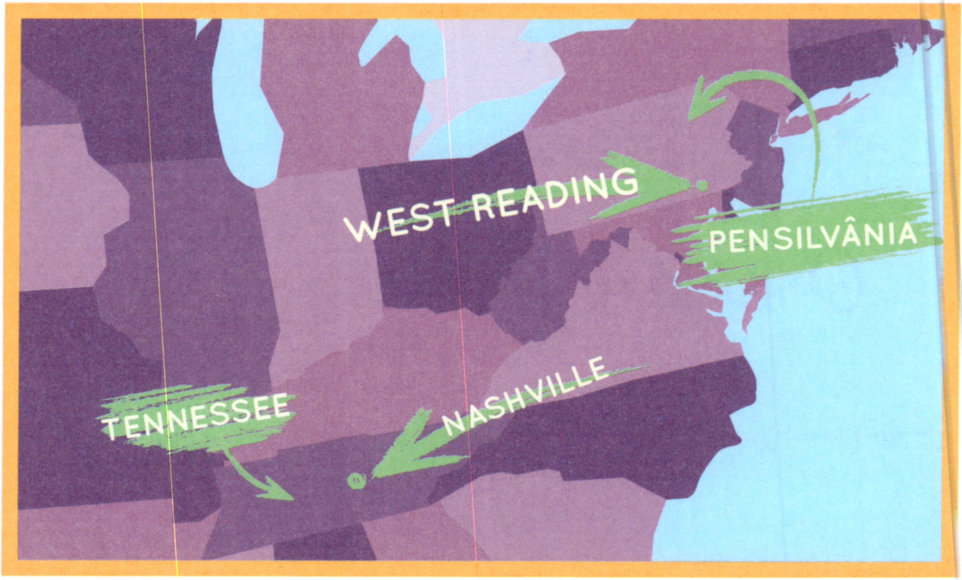

Quando chegaram a Nashville, Taylor foi até um lugar chamado *Music Row*. É uma região histórica da cidade, onde ficam selos musicais, estúdios, estações de rádio e locais onde músicos se apresentam. A mãe e o irmão a acompanharam aos escritórios dos selos musicais. Ela distribuiu seus CDs, na esperança de que escutariam e ofereceriam a ela uma proposta para gravar um álbum. Ela esperou que seu telefone tocasse, mas nenhuma das gravadoras ligou. Sendo uma garotinha da Pensilvânia, ela não foi levada a sério.

Taylor ficou desapontada, mas não desistiu. Ela sabia que grandes sonhos levam algum tempo para se realizar.

UMA NOVA CASA

De volta à Pensilvânia, Taylor continuou a escrever músicas e se apresentar. Foi quando teve uma ideia: o melhor jeito de chamar a atenção das pessoas seria cantando o hino nacional em algum evento esportivo. Ela mandou para treinadores de alguns times vídeos de si mesma cantando. E funcionou! Aos 12 anos, Taylor ficou frente a frente com milhares de pessoas, em um jogo do time de basquete 76ers, e cantou "The Star-Spangled Banner", o hino dos Estados Unidos. A plateia aplaudiu muito.

A família de Taylor acreditava no talento dela. Todos concordaram que, se ela queria uma carreira musical, precisava ir para Nashville. Em 2004, a família Swift se mudou para Hendersonville, no estado do Tennessee, não muito longe de Nashville. Taylor gostou de sua nova escola, a Hendersonville High

E quanto a você?

Todo mundo tem habilidades e talentos. Quais são os seus? Como você pode se aperfeiçoar neles?

School. Ela fez amizades lá e conheceu a melhor amiga, Abigail Anderson, nas aulas de inglês. Ela ia a festas e começou a sair em encontros. Isso a fez se sentir inspirada a escrever músicas sobre felicidade e amor, em vez de canções que falavam de estar triste e solitária.

Taylor continuou a visitar gravadoras em Nashville. Finalmente, em uma empresa do ramo musical chamada Sony/ATV, ela impressionou as pessoas com suas letras. Ofereceram a ela um contrato como compositora.

Com 14 anos, ela era a compositora mais jovem que a empresa já havia contratado. Ela queria ser tratada como adulta, então sempre agia com muita educação e apresentava suas melhores ideias.

Taylor começou a trabalhar com Liz Rose, uma compositora que ficou impressionada com a artista. Elas se encontravam todas as semanas, depois da escola, para compor músicas juntas. Liz ajudou Taylor a se tornar uma compositora melhor e também a transformar suas ideias em canções.

"Acredite em tudo
que você faz.
Acredite em seus erros
e cresça a partir deles."

Quando tudo aconteceu

Taylor visita Nashville pela primeira vez.

Taylor canta o hino nacional em um jogo de basquete.

2004

Taylor se torna compositora para a Sony.

2004

A família Swift se muda para o Tennessee.

CAPÍTULO 4

De frente a uma nova Era

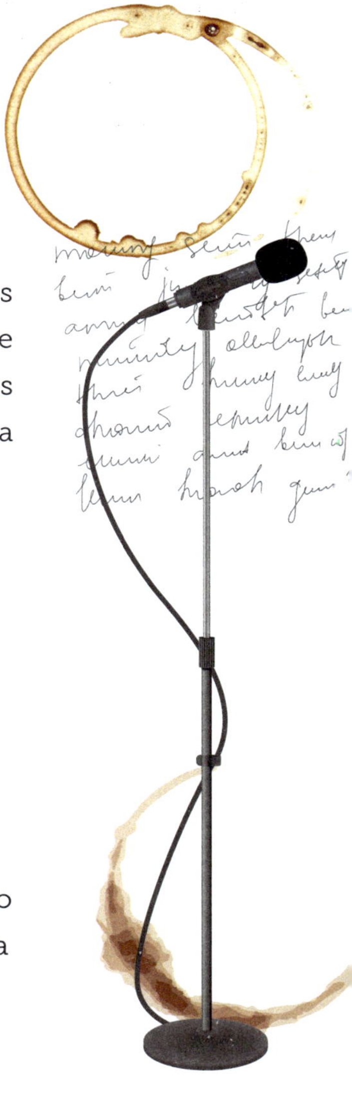

Na Sony, Taylor escreveu algumas músicas para outros cantores de country. Mas a maioria de suas letras contava sua própria história como uma garota adolescente.

Taylor escrevia sobre seguir seus sonhos, amizades, garotos de que gostava, e até mesmo sobre o amor entre seus vizinhos idosos.

Ela havia sido contratada na Sony como compositora, não como cantora. Porém, ela teve a oportunidade de cantar as próprias músicas em clubes pequenos de Nashville.

Taylor fez um novo CD com as canções que compôs e continuou a distribuí-lo em gravadoras.

Certa noite, Taylor estava cantando no *The Bluebird Cafe*, um lugar onde compositores novatos costumavam se apresentar com suas próprias músicas. Muitas estrelas da música country foram descobertas lá. Naquela ocasião, Scott Borchetta estava na plateia. Ele era um produtor musical famoso. Borchetta achou que a garota tinha algo de especial e ofereceu a ela um contrato para gravar um álbum.

Foi a primeira artista que o produtor contratou em seu novo selo musical, a Big Machine Records. Taylor saiu da Sony, sentindo-se grata por tudo que havia aprendido lá. Seu sonho finalmente estava se realizando! Em 2006, ela gravou sua primeira música com a Big Machine. A faixa se chama "Tim McGraw".

A música conta a história de um namorado que tinha se mudado para algum lugar distante. Taylor cantava sobre tudo que queria que ele lembrasse, por exemplo, os dois dançando ao som de Tim McGraw, um cantor de música country de quem é muito fã.

Para divulgar sua nova canção, Taylor, acompanhada da mãe, viajou por várias cidades durante seis meses. Ela apresentava a música em estações de rádio. Às vezes, elas se hospedavam em hotéis. Em outras ocasiões, dormiam no carro. Taylor estava determinada a alcançar seus objetivos. E a canção se tornou um grande sucesso!

O PRIMEIRO ÁLBUM

Conforme sua carreira como cantora crescia, a garota passou a ficar ocupada demais para frequentar uma escola comum. Com a ajuda dos pais, eles decidiram que o melhor era que Taylor tivesse uma educação domiciliar. Assim, seria possível estudar em casa e ter tempo para gravar músicas e fazer turnês.

Dessa forma, os dias viraram uma mistura de estudos e música. Ela fazia os deveres em aeroportos, entre uma apresentação e outra, ou mesmo no chão de seu quarto.

Apesar de sentir falta da vida social na escola, Taylor sempre conseguia um tempinho para a melhor amiga, Abigail.

Taylor amava trabalhar com a Big Machine, sua nova gravadora. Em outubro de 2006, a cantora lançou seu primeiro álbum de estúdio, quando tinha 16 anos.

E quanto a você?

Taylor precisou optar pela educação domiciliar para conseguir lidar com seu cronograma agitado. Se você não pudesse ir para a escola, de que sentiria mais falta?

O título escolhido para dar nome ao CD foi *Taylor Swift*. Ela compôs ou ajudou a compor todas as músicas do álbum. "Tim McGraw", o primeiro single escolhido, foi um grande sucesso, mas não o único.

Em "Our Song", Taylor canta sobre um casal que fez uma canção especial com os sons de todas as coisas divertidas que faziam juntos. "Teardrops on My Guitar" é sobre uma menina que gostava de um garoto, mas ele a via só como uma amiga.

Essas músicas e muitas outras falam sobre a vida e as experiências reais de Taylor, e os fãs se identificavam com as letras dela. Em pouco tempo, o álbum subiu nas paradas da Billboard, uma importante revista voltada para o mundo da música. Ele se tornou o álbum de country número 1, e até chegou a aparecer no topo das paradas dos álbuns de pop.

Quando tudo aconteceu

Taylor assina um contrato com a Big Machine Records.

Taylor começa a
estudar em casa.

2006

2006

Taylor lança seu
primeiro álbum,
Taylor Swift.

CAPÍTULO 5

Uma estrela em ascensão

O primeiro álbum de Taylor vendeu mais de um milhão de cópias no primeiro ano de seu lançamento. Foi um sucesso tão grande que a artista foi convidada a participar de turnês com grandes nomes do country, como George Strait, Ronnie Milsap e Brad Paisley. Ao longo do processo, ela ganhou ainda mais fãs.

No ano seguinte, Tim McGraw e Faith Hill convidaram a garota para participar como ato de abertura de uma turnê de shows que eles fariam. Ela ficou muito empolgada! Tim havia sido a inspiração da primeira música de sucesso dela e Faith era uma de suas maiores ídolas. Os dois ensinaram muitas coisas a Taylor a respeito de como era fazer turnês e se apresentar nos palcos.

Em novembro de 2008, Taylor lançou seu segundo álbum, intitulado *Fearless*. A artista tinha agora 18 anos, então, este álbum era focado em sua vida e relacionamentos de adolescente mais velha.

Pouco antes de as gravações serem finalizadas, o garoto com quem ela estava saindo terminou o namoro. Taylor, então, escreveu uma música sobre o término. "Forever & Always" foi criada bem a tempo de ser acrescentada ao álbum. *Fearless* tinha outras faixas que fizeram sucesso, como "Love Story", "White Horse" e "You Belong With Me". Este foi o álbum mais vendido nos Estados Unidos em 2009.

Por conta desse álbum, Taylor ganhou quatro prêmios Grammy, a premiação mais importante da música.

E quanto a você?

Para Taylor, o sucesso significava ser uma estrela da música. E você, como gostaria de alcançar o sucesso?

Ela saiu em uma turnê por seis países e participou duas vezes do programa de TV *Saturday Night Live* naquele ano, em uma ocasião como convidada musical e, na outra, como apresentadora. Todo mundo estava falando de Taylor Swift!

Mas, então, aconteceu algo que não foi muito legal. Durante o VMA, uma premiação de vídeos musicais, em 2009, Taylor ganhou o prêmio de Melhor Vídeo entre artistas mulheres. Um rapper e produtor famoso tirou o microfone dela e interrompeu seu discurso. Ele achava que outra pessoa deveria ter ganhado o prêmio. Taylor manteve um sorriso no rosto, mas ficou chateada e constrangida. Nem todo mundo era gentil e solidário com ela.

TAYLOR, A CONTADORA DE HISTÓRIAS

Conforme a música de Taylor se tornava cada vez mais popular, seus fãs começaram a se nomear como "Swifties". Eles se identificavam com as histórias pessoais nas letras da cantora. Até mesmo aqueles que não costumavam ouvir música country gostavam das canções dela.

Mesmo com sua paixão pelo country, Taylor também se interessava por artistas do pop e do rock, como Carole King, Bruce Springsteen e Madonna. Então, ela começou a compor algumas canções nesses estilos.

Certas pessoas no mundo da música disseram que as canções dela só eram boas porque outros compositores a ajudavam: acreditavam que ela era jovem demais para criar músicas incríveis por conta própria. Taylor estava determinada a provar que não era verdade. Então, em seu álbum seguinte, intitulado *Speak Now*, ela compôs sozinha cada uma das faixas presente nele.

Em seu quarto álbum, *Red*, ela continuou a explorar seu lado compositora, mas voltando a trabalhar com outros artistas nas composições. Tanto a Era *Speak Now* quanto a Era *Red* eram trabalhos em que Taylor já começava sua transição do country para o pop, misturando os dois gêneros musicais, o que atraiu ainda mais fãs, tanto adolescentes como adultos.

Taylor com as fãs Mila Heisen e Juniper Schutz.

Muitas celebridades preferem manter distância dos admiradores. Mas Taylor gosta de estar próxima de seus fãs. Durante os shows, ela costumava andar no meio do público, dava autógrafos e tirava fotos com muita alegria, convidava pequenos grupos de swifties para assistir a seus ensaios antes de apresentações importantes ou para as chamadas "T-party", em que se encontrava com os fãs escolhidos por sua produção após os shows.

Ela até mesmo chegou a convidar fãs para irem até a sua casa para as "Secret Sessions" em que Taylor tocava as músicas de seu novo trabalho. Às vezes, fazia surpresas para os fãs, convidando outros cantores famosos para participarem de seus shows.

Agora uma superestrela, Taylor saiu em turnê ao redor do mundo com a *The Eras Tour*, em que celebra todos os seus anos de carreira. Ela quebrou recordes de vendas de ingressos e ganhou vários prêmios por suas músicas.

"Para mim, ser destemido não significa não ter medos... Acho que ser destemido é ter muitos medos, mas pular de cabeça mesmo assim."

Quando tudo aconteceu

2007

Taylor participa de turnês com outros cantores de country.

2008

Taylor lança Fearless.

2009

Taylor estrela sua primeira turnê de shows.

2009

Taylor ganha quatro prêmios Grammy.

2010

Taylor lança Speak Now.

2012

Taylor lança Red.

CAPÍTULO 6

Bem-vindo a Nova York

Em 2014, Taylor completou 25 anos. Ela queria compor músicas pop para conseguir alcançar ainda mais fãs em todo o mundo. Então, foi embora de Nashville e se mudou para a cidade de Nova York. O novo apartamento da cantora tinha dez quartos e dez banheiros. Ela gostava da vida agitada da cidade. Quando não estava trabalhando, se divertia com amigos em sua nova casa, compartilhando cookies que ela mesma preparava.

Taylor ama gatos e adotou duas gatas muito especiais para fazer companhia a ela em seu enorme apartamento.

Meredith Grey, uma gatinha tímida, que foi adotada em meados de 2012, veio com ela de Nashville. O nome de Meredith vem de uma personagem da série de TV preferida de Taylor.

Ela adotou a gatinha Olivia Benson pouco tempo depois de se mudar para Nova York. Olivia foi batizada em homenagem a uma detetive de outra série de que Taylor também é fã. Ela compartilhava muitas fotos de suas gatas nas redes sociais, e as duas até chegaram a aparecer em comerciais e vídeos musicais junto dela.

Em 2014, Taylor estava trabalhando em seu primeiro álbum de música pop, que viria a se chamar *1989*. Nele, ela escreveu canções falando de sua vida adulta e do quanto ela tinha mudado desde 1989, o ano em que nasceu.

A música "Shake It Off" fala sobre não deixar que pessoas maldosas façam com que você se sinta para baixo. "Blank Space" é uma canção divertida, contando como gostavam de fofocar sobre sua vida amorosa. Fazer um álbum de música pop era arriscado. Taylor era uma estrela da música country, mas não tinha certeza se também poderia ser também uma estrela do pop. Então, *1989* foi direto para a primeira posição nas paradas da Billboard 200 e, durante um ano, o álbum não saiu do top 10.

Taylor era uma estrela do pop!

DANDO UMA PAUSA

Conforme Taylor se tornou cada vez mais famosa, ela usou sua fama para ajudar outros músicos. Cada vez mais pessoas estavam usando plataformas de streaming para ouvir música.

Mas Taylor achava que essas plataformas não remuneravam os músicos de maneira justa. Ela se posicionou, retirando suas canções das plataformas até que fossem feitas mudanças na forma com que essas empresas remuneravam os músicos.

Em 2016, Taylor precisou fazer uma pausa na carreira e se afastar dos olhares públicos após ataques de ódio que começou a receber na internet. Ela parou de postar nas redes sociais e passou a fazer poucas aparições públicas.

Durante um ano, ela viveu uma vida sossegada, passou algum tempo junto da família e escreveu músicas novas. Então, em 2017, ela contou aos fãs que tinha um álbum novo intitulado *reputation*. Taylor estava de volta, e tinha mudado mais uma vez. Até cantou rap em algumas de suas músicas, como em "...Ready for It?" e "End Game". Ela ainda cantava sobre amor, mas também sobre conflitos pessoais.

A Era *reputation* foi marcada pela a ausência de entrevistas em programas de TV, rádios e revistas.

E quanto a você?

Taylor se afastou um pouquinho da carreira quando precisou de uma pausa. O que você faz quando precisa descansar? Como você relaxa?

A artista queria que seus fãs conhecessem quem ela era de verdade, não só o que liam na internet ou em revistas.

A essa altura, Taylor também era conhecida por fazer videoclipes incríveis. Eles eram filmados em locais interessantes, traziam figurinos legais e, às vezes, tinham até a participação de alguns animais (como cavalos e também as gatas dela!).

Taylor sempre gostou de deixar mensagens secretas, ou *Easter eggs* ("ovos de Páscoa", em português), em suas músicas e vídeos. As mensagens funcionam como pistas bem-humoradas, contando de quem as músicas falam, ou qual seria a próxima canção, *single* ou álbum a ser lançado. Essa é uma maneira divertida de se conectar com os fãs e deixá-los empolgados com a música dela. Além de uma ótima cantora, Taylor também é uma contadora de histórias muito sagaz!

Quando tudo aconteceu

Taylor lança 1989.

Taylor se muda para a cidade de Nova York.

2016

Taylor vence três prêmios Grammy com 1989.

2017

Taylor lança *reputation*.

CAPÍTULO 7

Ela não para

Um ano depois de *reputation* ter sido lançado, Taylor saiu da Big Machine Records. A cantora havia decidido se juntar a outra gravadora, a Republic Records, onde teria mais liberdade artística e controle do seu próprio trabalho. Seu primeiro lançamento com o novo selo musical, *Lover*, se tornou o álbum mais vendido de um artista solo em 2019.

Mas, então, algo ruim aconteceu em 2020. A pandemia de Covid-19 fez o mundo inteiro parar. As pessoas se sentiam tristes e assustadas. Taylor precisou cancelar sua turnê que estava para começar.

No começo de 2020, Taylor lançou um documentário chamado *Miss Americana* e, nele, a artista é honesta, contando que nem sempre se sente bem consigo mesma. Ela fala sobre

E quanto a você?

Um documentário apresenta eventos e fatos reais. O que você gostaria de contar às pessoas sobre sua vida em um documentário?

ter coragem quando as pessoas tentam colocar você para baixo, ou levar o crédito pelos seus esforços. Também diz que as redes sociais podem ser muito nocivas. Ela também frisa que é importante usar sua própria voz para defender a si mesmo e aos outros e também aquilo em que se acredita.

Depois de *Miss Americana*, Taylor usou a própria voz de uma maneira diferente: começou a fazer novas gravações dos álbuns que lançou quando estava com a Big Machine Records. Ela chamou essas regravações de "Taylor's Version", que se tornaram ainda mais populares do que as originais. A primeira regravação desse projeto foi o álbum *Fearless (Taylor's Version)* e, junto com ele, a cantora decidiu acrescentar músicas inéditas que foram descartadas do projeto original, chamadas de "From the Vault".

Ainda naquele ano, Taylor surpreendeu os fãs com dois álbuns novos: *folklore* e *evermore*. Eles eram diferentes de seus outros trabalhos. Taylor cantava músicas mais calmas e contava histórias que surgiram de sua imaginação, não só de sua vida real. *folklore* venceu o prêmio Grammy de Álbum do Ano. Taylor foi a única artista a receber este prêmio quatro vezes.

A ERA DE TAYLOR

Em 2022, Taylor lançou seu décimo álbum, chamado *Midnights*. No ano seguinte, ela deu início à maior turnê de shows de toda a sua carreira. A turnê, nomeada *The Eras Tour*, quebrou recordes de vendas de ingressos em um único dia. Taylor cantou músicas de cada um de seus dez álbuns. As apresentações fizeram as pessoas se unirem, como uma grande família. A letra da música "You're on Your Own, Kid" até inspirou os fãs a confeccionar e trocar pulseiras de amizade nos shows.

Taylor sabia que nem todo mundo conseguiria ir às apresentações, então, fez um filme da turnê para os fãs aproveitarem. Em menos de um dia, ele quebrou um

recorde histórico de bilheteria de filmes de turnês musicais.

Em 2024, enquanto ainda estava em turnê, ela lançou seu décimo primeiro álbum, *The Tortured Poets Department*, um álbum que surpreendeu os fãs pela nova estética presente nas músicas. A artista também acrescentou um ato dedicado a ele aos shows da *The Eras Tour*.

Taylor já foi premiada em mais de 600 ocasiões por sua música, incluindo 14 vezes no Grammy e 23 no Video Music Awards.

Além das inúmeras premiações que recebeu por sua música, ela também ganhou prêmios por seu guarda-roupa. Os looks de Taylor inspiram os fãs a criarem seus próprios estilos e se expressarem por meio das roupas.

Taylor é uma superestrela que também acredita em espalhar a bondade. Ela abriu um centro de educação musical em Nashville e fez doações para ajudar vítimas de tornados e enchentes que perderam suas casas. Até chegou a ajudar os fãs a pagarem dívidas estudantis e médicas. Além disso, ela solta a voz a respeito de assuntos importantes, como direitos das mulheres e dos artistas, e encoraja as pessoas a votarem e fazerem a diferença.

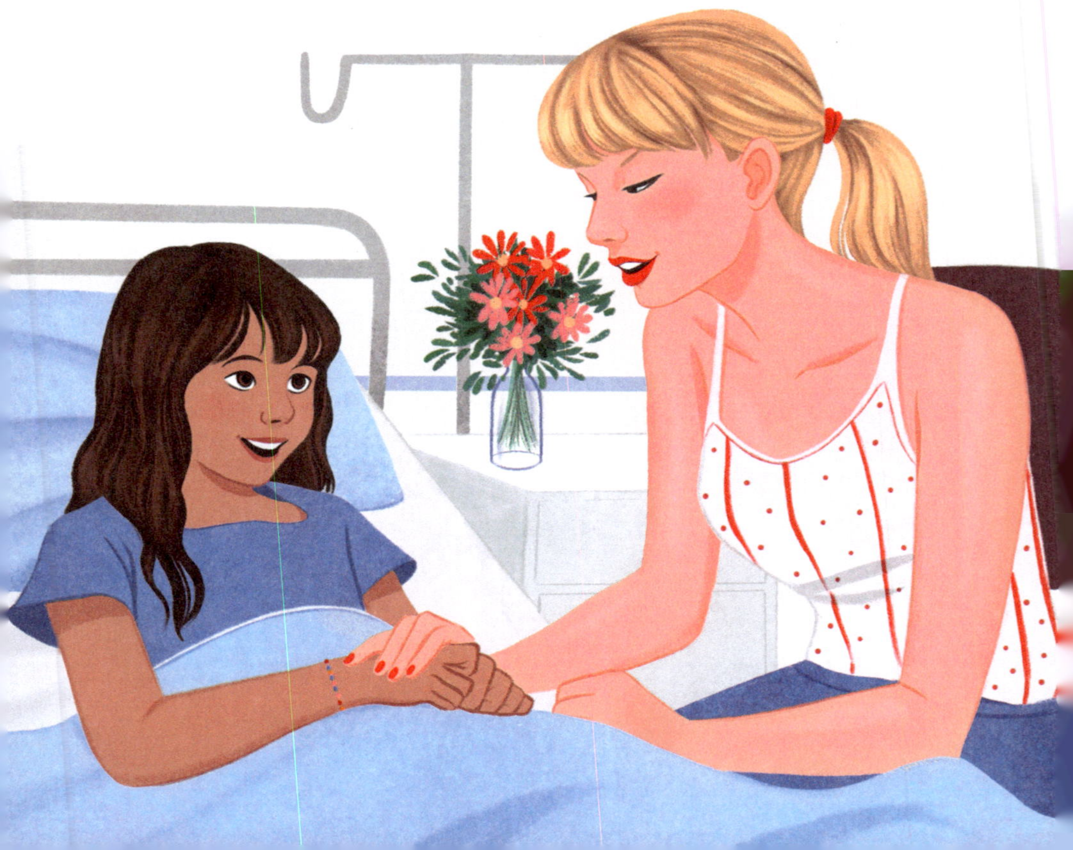

Taylor está agitando o mundo da música desde que começou a cantar em Nashville. Por meio de suas canções, ela se conectou com as pessoas e as ajudou a se sentirem menos sozinhas. Ela é uma superestrela que se importa de verdade com os fãs, e sua história está sempre inspirando aqueles a seu redor.

"Não importa
o que aconteça em sua vida,
faça o bem para as pessoas.
Fazer o bem é um legado
maravilhoso para se deixar."

Quando tudo aconteceu

Taylor lança Lover.

Taylor lança folklore e evermore.

Miss Americana é lançado.

Taylor lança Midnights.

2022

Taylor lança The Tortured Poets Department.

2023

Tem início a The Eras Tour.

2024

Taylor Swift
taylor swift
taylor
t.s swift
Cornelia St.
Você é realmente um swiftie?

Será que você é realmente fã da Taylor Swift? Responda às perguntas a seguir e teste os conhecimentos aprendidos na leitura deste livro. Você pode consultar os textos para encontrar as respostas se precisar, mas tente se lembrar por conta própria primeiro.

1 - Onde Taylor nasceu?

a. West Reading, Pensilvânia
b. Cidade de Nova York
c. Nashville, Tennessee
d. São Francisco, Califórnia

2 - Que tipo de música a avó de Taylor cantava?

a. Rock'n'roll
b. Jazz
c. Country
d. Ópera

3 - Qual é o nome da primeira música que Taylor escreveu, quando tinha 12 anos?

a. "Our Song"
b. "Fearless"
c. "Lucky You"
d. "Shake It Off"

4 - Onde Taylor estava cantando quando a Big Machine Records ofereceu um contrato a ela?

a. No *The Bluebird Cafe*

b. Em um jogo de basquete

c. No escritório de um produtor musical

d. Em uma peça de teatro escolar

5 - Quem ajudou Taylor a se aperfeiçoar como compositora?

a. Marjorie Finley

b. Liz Rose

c. Dolly Parton

d. Scott Borchetta

6 - Qual o nome do primeiro álbum de Taylor?

a. *Big Machine*

b. *Taylor Swift*

c. *1989*

d. *Tim McGraw*

7 - Para onde Taylor se mudou ao sair de Nashville?

a. Nova York

b. Filadélfia

c. Music Row

d. Paris

8 - Quais animais de estimação Taylor tem?

a. Cachorros

b. Gatos

c. Cavalos

d. Papagaios

9 - Por que Taylor retirou suas músicas das plataformas de streaming?

a. Porque foram maldosos com ela

b. Porque ela precisava dar uma pausa nas apresentações

c. Porque ela queria que os artistas musicais fossem remunerados de maneira mais justa

d. Porque ela preferia fazer videoclipes

10 - Como são conhecidas as mensagens secretas de Taylor?

a. Christmas tree

b. Pisca-piscas

c. Ovos fritos

d. Easter eggs

Respostas: 1: A; 2: D; 3: C; 4: A; 5: B; 6: B; 7: A; 8: B; 9: C; 10: D

O EFEITO TAYLOR

Taylor Swift é uma das cantoras e compositoras mais populares da atualidade. Vamos conferir como as conquistas dela já impactaram o mundo:

- Todo mundo passa por momentos de tristeza, raiva ou solidão. Taylor usou sua música para expressar seus sentimentos. Ela é um exemplo de como a música, a arte e outras atividades podem ajudar as pessoas a lidarem com problemas de jeitos positivos.
- Crianças e adolescentes, muitas vezes, não são levados a sério quando querem realizar algo grandioso. Quando Taylor começou, ninguém acreditava nela no mundo da música, mas ela se recusou a desistir. Taylor mostrou que é possível conquistar coisas incríveis, mesmo sendo muito jovem.
- Taylor usou a própria influência para fazer com que outras pessoas se sentissem ouvidas e protegidas, ao mesmo tempo em que compartilha seu patrimônio para ajudar quem passa por momentos de necessidade.

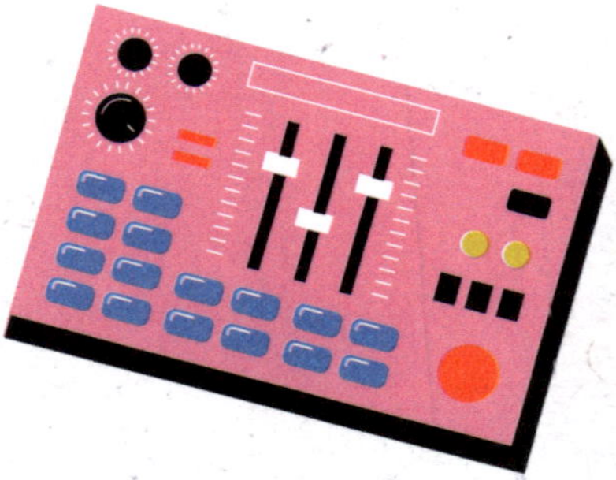

E QUANTO A VOCÊ?

Que tal pensarmos um pouquinho mais no que Taylor Swift já fez, e em como a trajetória dela pode nos encorajar a corrermos atrás dos nossos sonhos?

- De que forma a história de Taylor impulsiona você a lutar pelos sonhos que possui?
- Taylor ajuda outras pessoas, retribuindo à sua comunidade. E você, como pode ajudar os outros?
- Taylor se aventurou ao experimentar novos tipos de música. Quais são os seus medos quando o assunto é tentar fazer coisas novas?

SOBRE A AUTORA

RACHELLE BURK escreve ficção e não ficção para crianças de 2 a 13 anos de idade. Seus outros títulos da série Callisto Kids incluem *The Story of Simone Biles*; *Stomp, Wiggle, Clap and Tap: My First Book of Dance*; *Women Who Changed the World* e *Let's Play an Instrument: A Music Book for Kids*. Outros livros ilustrados incluem *Don't Turn the Page!*; *A Mitzvah for George Washington* e *A Gift of Life: A Story of Organ and Tissue Donation*. O livro de aventura científica para público do segundo ciclo do ensino fundamental, *The Walking Fish*, é vencedor do prêmio *National Science Teaching Association*. Ela ama visitar escolas por todo o país. Saiba mais sobre os livros e a agenda da autora no site RachelleBurk.com.

SOBRE A ILUSTRADORA

MARTA DORADO é uma ilustradora *freelancer* em tempo integral que nasceu em Gijón (Astúrias, Espanha) em 1989 e cresceu em um vilarejo próximo. Ela se formou em Pamplona, local onde ainda mora, e começou sua carreira como designer na indústria da publicidade. A infância de Marta, cercada pela natureza e próxima ao mar, tem forte influência sobre seu trabalho.

BIBLIOGRAFIA

LIVROS

KAWA, Katie. *Taylor Swift*: Making a Difference as a Songwriter. Nova York: KidHaven Publishing, 2022.

KAWA, Katie. *Taylor Swift*: Superstar Singer. Nova York: Lucent Press, 2017.

SCHWARTZ, Heather E. *Taylor Swift*: Superstar Singer and Songwriter. Mineápolis: Lerner Publications, 2019.

SITES

Taylor Swift Vevo
youtube.com/user/taylorswiftvevo
Página oficial no YouTube para os videoclipes de Swift e conteúdo audiovisual de bastidores.

Museu Taylor Swift
theswiftmuseum.com

Songfacts
songfacts.com/facts/taylor-swift

Billboard
billboard.com/artist/taylor-swift/

Prêmios Grammy: Taylor Swift
grammy.com/artists/taylor-swift/15450

Editora Natália Ortega

Editora de arte e design de capa Tâmizi Ribeiro

Coordenação editorial Brendha Rodrigues

Produção editorial Manu Lima e Thais Taldivo

Revisão de texto Carlos César da Silva, Camille Perissé e Fernanda Costa

Leitura crítica Update Swift Brasil

Ilustrações Taylor Swift Marta Dorado; elementos restantes Adobe Stock

Foto autora cortesia de Alana Barouch

Foto ilustradora arquivo pessoal

Dados Internacionais de Catalogação na Publicação (CIP)
Angélica Ilacqua CRB-8/7057

B973f Burk, Rachelle
O fenômeno Taylor Swift / Rachelle Burk ; tradução de Luiza Marcondes. ilustrações de Marta Dorado.— São Paulo, SP : Astral Cultural, 2024.
80 p.: il, color.

ISBN 978-65-5566-563-5
Título original: The Story of Taylor Swift

1. Swift, Taylor, 1989 – Biografia 2. Música popular norte-americana I. Título II. Marcondes, Luiza III. Dorado, Marta

24-4285 CDD 927.8164

Índice para catálogo sistemático:
1. Swift, Taylor, 1989 – Biografia

BAURU
Rua Joaquim Anacleto
Bueno 1-42
Jardim Contorno
CEP: 17047-281
Telefone: (14) 3879-3877

SÃO PAULO
Rua Augusta, 101
Sala 1812, 18º andar
Consolação
CEP: 01305-000
Telefone: (11) 3048-2900

E-mail: contato@astralcultural.com.br

Primeira edição (outubro/2024)
Papel de miolo Offset 120g
Tipografias Museo, Square Peg e Fabiola
Gráfica LIS